AF582167

DISCOURS EN VERS
D'UN
CONSTITUANT
A SON FILS,
DÉPUTÉ A LA CHAMBRE DE 1817.

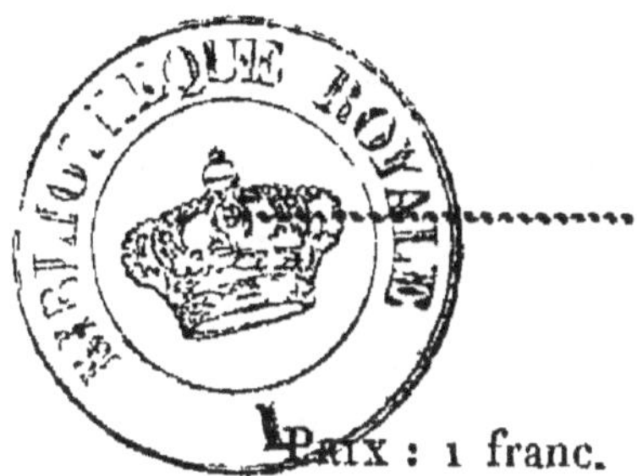

Prix : 1 franc.

De l'Imprimerie de P. N. Rougeron, rue de l'Hirondelle, n.° 22.

PARIS,
Chez Dalibon, Libraire, au Palais-Royal.

1817.

DISCOURS EN VERS

D'UN

CONSTITUANT

A SON FILS,

DÉPUTÉ A LA CHAMBRE DE 1817.

De vos concitoyens le suffrage unanime,
Vos talens, vos vertus et la publique estime
Vous appellent, mon fils, au temple de la loi.
Quelle gloire pour vous, quel triomphe pour moi!
Heureux, lorsque je touche aux confins de la vie,
D'être encore en mon fils utile à la patrie!
Vous allez discuter le destin des Français :
Souffrez que mes conseils préparent vos succès;
D'un front blanchi des ans croyez l'expérience,
Et sur-tout mon amour plus qu'un peu de science.
J'ai vu, dès ma jeunesse interprète des lois,
Le temple de Thémis et le palais des rois;
Soixante ans de travaux, quelques vertus peut-être,
N'ont point terni l'éclat du rang qui m'a vu naître;
Enfin je fus admis dans ces Etats fameux,
Si long-temps espérés, qu'appeloient tant de vœux!
Ciel! avec quelle ivresse, il m'en souvient encore,
De notre liberté l'on vit briller l'aurore,

Quand ce roi généreux autant qu'infortuné,
Ce moderne Titus, citoyen couronné,
Ne voulut dans ses mains, par un pacte sublime,
Retenir du pouvoir que sa part légitime !
Les peuples attentifs contemploient ses travaux;
Sa gloire eût surpassé la gloire des héros....
Hélas ! des passions l'épouvantable orage
Eclata sur sa tête et brisa son ouvrage.
Ivre du sang royal, l'anarchie en fureur,
Sur un peuple enchaîné couronnant la terreur,
Étouffa dans ses bras la liberté naissante.
D'un despotisme adroit complice obéissante,
La gloire, à nos drapeaux promettant l'univers,
Sous l'éclat des lauriers vingt ans cacha nos fers.
Un grand cœur peut chérir sa couronne immortelle;
La liberté, mon fils, est encore plus belle.
Qu'elle ait tout votre amour; de grandeur, de vertus,
Les états sont par elle à jamais revêtus;
Un peuple roi n'est rien devant un peuple libre.
Contemplez le destin des citoyens du Tibre:
Quand l'Italie encor renfermoit ses enfans,
D'une main consulaire ils fécondoient leurs champs;
Des publiques vertus Rome alors fut l'école.
Mais à peine aux remparts du sacré Capitole
En triomphe elle a vu monter les conquérans,
Dans son sein déchiré s'élèvent les tyrans;

Le monde est dans ses fers, mais un Néron la brave;
Souveraine des rois, Rome n'est qu'une esclave.
Sauvons-nous de l'affront qui flétrit les Romains;
Soyons l'exemple, et non la terreur des humains.
Français, que cette époque à jamais vous honore;
Vous avez été grands, soyez plus grands encore;
Un fécond avenir vous promet tous ses biens;
Vous fûtes conquérans, vous serez citoyens,
Esclaves de la loi, libres du joug des hommes.
Français, nous le serons; que dis-je? nous le sommes.
Sacré palladium des peuples et des rois,
La charte unit, consacre et défend tous les droits.
Rois, qui régnez sur nous, son empire est le vôtre,
Et le prince et la Charte existent l'un par l'autre,
Unis dans notre amour, confondus dans nos vœux;
Qui veut les séparer les veut perdre tous deux.
Voyez ce sage Roi qui l'adopte pour guide;
La charte en fait un Dieu placé sous son égide,
De notre encens pieux sans cesse environné,
Tout puissant pour le bien, pour le mal enchaîné,
Juste comme la loi, comme elle inviolable.
Seul, soumis à l'erreur, un ministre est coupable;
Seul des lois qu'il outrage il subit le courroux.
Qu'elle reçoive donc un culte parmi nous,
De l'arche d'Israël qu'elle ait le privilége,
Que nul n'ose y porter une main sacrilége,

Et malheur à quiconque attaqueroit les droits
D'une loi, fondement de nos plus saintes lois !
Quel que soit le mortel qui l'osât entreprendre,
Ah ! que tout votre sang coule pour la défendre !
J'en mourrois de douleur, mais je suis citoyen,
Et bénirois, mon fils, votre sort et le mien.
Liberté ! que de temps, de travaux et de veilles
Pour conquérir ton règne et créer tes merveilles !
Oui, nos yeux les verront; pour affermir leurs droits
Sur le trône avec eux la font monter les rois;
Consacrez votre vie à défendre sa cause.

Mais songez quels devoirs cet emploi vous impose,
Et que d'un droit si cher aux hommes généreux
L'on est déchu, mon fils, si l'on n'est vertueux;
Que pour fonder ses lois et venger ses injures
Elle veut un cœur juste et des mains toujours pures.

Détournez à la fois vos yeux indifférens
De la faveur du peuple et des faveurs des grands.
Vous le savez trop bien, à l'appât des richesses,
Des emplois éclatans ou des vaines promesses,
Les peuples quelquefois furent sacrifiés.
Tant que de la patrie, en vos mains confiés,
Les sacrés intérêts réclament vos services,
Vous lui ferez, mon fils, de nobles sacrifices;
Vous craindrez du pouvoir les dangereux bienfaits;
Loin d'en solliciter, n'en acceptez jamais.

Celui que de son choix daigne honorer la France
Doit de tout intérêt fuir jusqu'à l'apparence,
Et, s'oubliant soi-même, environner son nom
D'une vertu sans tache et même sans soupçon.
N'enviez point, heureux d'un modeste partage,
Des grandeurs de la cour l'infidelle héritage.
Vos lares paternels vous promettent la paix.
Maître dans ses foyers, l'on sert dans un palais;
Au milieu des honneurs voisins de la couronne,
L'homme perd ces vertus que l'obscurité donne,
Une ame ferme et pure, un cœur indépendant.
Sur les marches du trône on a vu cependant
Catinat respecté de l'insolente envie,
Malesherbes, si grand dans sa mort, dans sa vie!
Des Sully, des Suger l'incorruptible voix
Éclaira, défendit, et fit aimer les rois.
Il est des courtisans zélés avec prudence,
De l'État et du prince heureuse providence;
Mais pour un cœur fidelle et ferme en son devoir
Combien de partisans de l'absolu pouvoir,
Persiffleurs insultans de nos droits politiques,
Envieux ennemis des libertés publiques,
Avides d'esclavage, ardens à tout dompter
Sous un joug que leur tête aime encore à porter!
Vainement à vos yeux brilleroient leurs promesses;
Vous les connoissez trop pour craindre leurs caresses.

Mais n'allez pas non plus, vous-même corrupteur,
Insensé démagogue ou perfide orateur,
Par de fougueux discours, ou par un vil salaire,
Briguer honteusement la faveur populaire.
Le peuple vend trop cher son tyrannique appui;
Si vous vous abaissez à ramper devant lui,
Son orgueil caressé vous insulte et vous brave;
Croyez-moi, qui l'achète est bientôt son esclave.

Vous saurez, s'il le faut, ferme législateur,
Dédaigner son courroux autant que sa faveur.
Si jamais, réunis sous de sanglans auspices,
Vous voyez s'agiter d'audacieux comices,
Du peuple soulevé par de lâches complots
Tranquille, autour de vous, laissez mugir les flots;
Faites votre devoir sans redouter sa haine.
Aristide fut juste et laissa faire Athène.

De l'esprit de parti redoutez le poison;
Il endurcit le cœur, il éteint la raison;
Emporté, caressant, soupçonneux et crédule,
Quelquefois si cruel, toujours si ridicule,
A quiconque s'élève il promet des flatteurs.
Politiques, dévots, courtisans, orateurs,
Leur parole et leur foi sont à tous consacrées;
Ils ont avec orgueil porté toutes livrées;
Royalistes d'hier, ils vont impudemment
Vanter les longs combats de leur long dévouement,

Et, prônant sans pudeur leur sagesse profonde,
De leur opinion font la règle du monde.
Qui méprise Cotin n'estime point son roi,
Et n'a, selon Cotin, ni Dieu, ni foi, ni loi.
O! combien vous verrez de Cotins politiques,
De leurs systèmes vains défenseurs fanatiques,
Vous déclarer parjure, impie et factieux,
Si vous osez rien voir sans emprunter leurs yeux;
Si, docile auditeur, dans leur risible école
Vous n'allez imiter leur geste et leur parole.
Que veulent cependant ces docteurs indiscrets,
Voués à la satire et promis aux sifflets?
Tout embrasé des feux d'une sainte colère,
L'un frappe d'anathème et la Charte et Voltaire;
De la philosophie et de la liberté
Il voit en frémissant le règne détesté;
Obscur en ses écrits, obscur en son langage,
De la nuit qui l'aveugle il veut couvrir notre âge.
L'autre, de Montesquieu redoutable rival,
Nous vante les douceurs du joug oriental,
Et, zélé citoyen, il souhaite à la France
La liberté des Turcs et les lois de Byzance.
Celui-ci nous rendra les mœurs du bon vieux temps,
Les moutiers, les castels, les chevaliers errans;
De la Charte qu'il hait adulateur perfide,
Il déguise avec art l'intérêt qui le guide,

Et, faisant tour à tour des contes et des lois,
En style romantique endoctrine les rois.
Tant d'autres, dont un jour les grotesques figures
Iront de quelque Horace égayer les peintures !
Mais quoi ! nous sied-il bien de faire les railleurs ?
Ici nous les sifflons, on les célèbre ailleurs.
Je les ai vus fêtés, applaudis dans le monde;
Nos belles ont prôné leur science profonde,
Et je sais tel d'entre eux, vanté pour ses écrits,
Que je veux admirer, quand je l'aurai compris.
Si, contre le budjet, ses discours pathétiques
Invoquent et Dodone et ses chênes antiques,
En ses hardis écarts, ce sublime penseur
Peut bien être honni d'un vulgaire censeur;
Mais pour lui chaque soir un triomphe s'apprête,
Des palmes des salons il vient ceindre sa tête;
Au murmure flatteur des bravos caressans
Il s'enivre à longs traits et d'orgueil et d'encens;
Et bourgeoise et marquise autour de lui s'empresse;
L'une pâme de joie et se meurt de tendresse;
L'autre d'un doux regard le flatte et l'applaudit;
Il se croit un Solon, car ces dames l'ont dit.
Cependant il s'éloigne, et de sa renommée
Va dans l'hôtel voisin savourer la fumée,
De ses rares travaux cueillir un nouveau fruit,
Glorieux et grand homme au moins jusqu'à minuit.

Laissons-le doucement s'endormir dans sa gloire ;
Ses lauriers n'iront pas ensanglanter l'histoire ;
Un ridicule amuse et n'est pas dangereux.
Mais qui peut, sans s'armer d'un courroux généreux,
Les voir incessamment, d'une plainte importune,
De leur zèle insensé fatiguer la tribune ?
Qu'espérez-vous encor de tant d'efforts si vains ?
La raison, malgré vous, affranchit les humains.
Quelles vives clartés s'éveillent sur sa trace !
Gloire au noble écrivain dont l'éloquente audace,
Frappant les préjugés des foudres de sa voix,
Aux mortels étonnés a révélé leurs droits,
Qui proclama, fidelle à son saint ministère,
Aux peuples comme aux rois la vérité sévère,
Qui leur apprit enfin, par l'exemple éclairés,
Qu'aussi bien que leurs droits leurs devoirs sont sacrés!

Députés, aimez tous ces leçons du génie;
Songez qu'il vous faudra répondre à la patrie
Du dépôt qu'à vous seuls les Français ont commis ;
Leur noble confiance en vos mains a remis
Leur fortune et leur sang, leurs libertés, leur gloire ;
Prenez garde qu'un jour l'inexorable histoire
Et les arrêts vengeurs de la postérité
Ne flétrissent vos noms d'un affront mérité.
Contemplez d'une Chambre à jamais mémorable
L'exemple salutaire autant que déplorable ;

Lisez dans leurs erreurs et leurs fougueux excès
Vos devoirs ; les besoins et les vœux des Français.

Quand son zèle éclatoit en sanglantes menaces,
Redoutant pour l'État de nouvelles disgrâces,
Il m'en souvient, mon fils, j'ai vu couler vos pleurs.
J'aime une horreur si juste et vos nobles douleurs;
La patrie en conçoit un favorable augure.
Mandataire timide, ignorant ou parjure,
Vous ne serez jamais assis parmi les rangs
De ces hommes qu'en vain elle crut ses enfans.
Vous choisirez plutôt, pour vous servir d'exemple,
Ces mortels que la France avec amour contemple,
Tarente dès long-temps par la gloire ennobli,
L'intègre Lanjuinais, le vertueux Lalli,
D'Anglas, qui des partis sut braver la furie,
De Broglie et d'Argenson, noms chers à la patrie,
Et Laffitte, et tous ceux dont l'éloquente voix
Prêche l'amour de l'ordre et le culte des lois,

(*) Si l'absence de toute prévention personnelle peut donner quelque poids à l'éloge et au blâme, je dois déclarer ici que je ne connois, que je n'ai même jamais vu aucun de ceux qui sont désignés dans ce Discours. Je ne sais d'eux que les opinions professées dans leurs livres ou à la tribune. J'ai cru voir dans les uns les amis éclairés de la Charte, par conséquent du Roi et de la France ; seroit-ce être injuste envers les autres que de ne leur pas rendre le même témoignage ?

Dont l'esprit éclairé, la vertu, le courage,
Sont l'espoir de la France et l'honneur de notre âge.

Mon fils, de leurs sentiers ne vous écartez pas;
La Charte est le flambeau qui doit guider vos pas.
D'un pouvoir excessif craignez l'erreur fatale,
Et des exceptions l'injustice légale.
Du lien social quand l'homme s'est chargé,
Il se donna des rois pour être protégé.
Sa liberté, c'est lui, c'est son bien, c'est sa vie;
Ah! gardez que jamais elle lui soit ravie,
Sans qu'il ait vu Thémis, d'une sage lenteur,
Peser ses actions, interroger son cœur.
Près d'elle un accusé vient chercher un refuge;
De quel front osez-vous lui refuser un juge?
Coupable, un juste arrêt doit lui porter ses coups;
Innocent, sa prison est un crime pour vous.

Réclamez tous les droits que la Charte nous donne,
Et que l'esprit soit libre, ainsi que la personne;
Qu'on puisse sans effroi dire la vérité.
Désarmez, désarmez la juste autorité
De ces remparts d'airain qu'on élève autour d'elle;
Et qu'au trône un discours intrépide et fidelle
Des larmes du malheur ose porter la voix;
Le cri des nations est la leçon des rois.

Que de ces lois, mon fils, le règne salutaire
En tous temps trouve en vous un défenseur austère;

Et si leurs ennemis, par un prudent retour,
Pour ces grands intérêts combattant à leur tour,
Des lois qu'ils proscrivoient réclament la justice,
Sachez tirer parti de cet heureux caprice;
Qu'importe quelle voix leur prête son appui?
Fût-ce C.........., je voterois pour lui.
Recevant dans mes rangs cet utile adversaire,
Je profite d'un bien qu'il ne veut pas nous faire;
Je marche au but, et vois, calme et sans passion,
Par les efforts d'un fou triompher la raison.

Des trésors de la France économe rigide,
Veillez sur leur emploi d'un regard intrépide.
Nos guerriers à l'État ont consacré leurs jours;
L'État leur doit offrir d'honorables secours.
Que de nos magistrats le pouvoir salutaire
Paroisse environné d'un éclat nécessaire.
Mais retranchez ces grands payés pour le repos,
D'un peuple qu'on épuise inutiles fardeaux,
Qui de ses durs labeurs sont follement prodigues,
Et qui boivent dans l'or le prix de ses fatigues.

Pourquoi tous ces prévôts au forum étonné?
A leur sinistre aspect Thémis a frissonné;
Dans sa rapidité leur justice est horrible.
Et toi qui t'es armé de ce glaive terrible,
Oses-tu bien, aveugle et fragile mortel,
Oses-tu condamner et frapper sans appel?

Oui, ces droits suspendus, ces tribunaux en armes,
De nos dissentions rappelant les alarmes,
Éloignent seuls la paix qu'implorent tous les vœux.
Dans ces temps incertains, ces jours encor douteux,
Où le calme renaît après un long orage,
Où l'on voit en tous lieux les débris du naufrage,
Lorsque tous ont été malheureux et punis,
Un empire a besoin de citoyens unis;
Il a besoin de lois fermes, stables, sacrées,
Du prince et des sujets saintement révérées;
Et sous un voile épais de clémence et d'oubli
L'immuable passé doit être enseveli.

Etes-vous donc Français, vous de qui la démence
Au sang de Henri quatre interdit la clémence?
Qui, du trône des lis vous nommant les soutiens,
Soufflez encore le trouble entre les citoyens?
En vain vous vous parez d'une couleur fidelle;
Si, malgré vos discours, votre cœur est rebelle,
A la justice, aux lois, si vous n'êtes soumis,
De l'État et du Roi vous êtes ennemis.
On ne l'éblouit point du zèle qu'on étale;
Sa main suspend pour tous une balance égale;
Il sait que ses sujets implorant son appui,
Ainsi que devant Dieu, sont égaux devant lui.

Allez donc, secondant sa sagesse propice,
De l'État ébranlé raffermir l'édifice,

Assurer à la France un éternel repos,
De sa prospérité r'ouvrir tous les canaux,
Des partis enflammés éteindre l'incendie,
Enchaîner des puissans l'injuste tyrannie,
Et du prince et des lois fixant l'autorité,
Rendre le peuple libre et le Roi respecté.

FIN.

ODE

SUR

LES ÉLECTIONS.

AVIS AU LECTEUR.

Je n'ai pas l'honneur de connoître Mr *Lainé, et mon nom lui est absolument inconnu. C'est au Ministre qui l'année passée a proposé et soutenu dans les Chambres* la loi des élections, *que je rends hommage dans la pièce suivante composée pendant la discussion de cette loi,* la meilleure de celles qu'on pouvoit faire sur ce sujet. *N'ayant vu jusqu'ici aucun ouvrage de poésie où* la loi des élections *ait été célébrée, j'ai cru devoir publier mon ode, comme un acte de bonne volonté patriotique de la part des muses françaises.*

ODE

SUR LA LOI DES ÉLECTIONS.

C'EST en vain qu'un tyran de sa gloire fragile
Sur le marbre et l'airain fonde le souvenir ;
De son colosse affreux l'inflexible avenir
Saura trouver le pied d'argile.
Rois, un seul édifice à jamais respecté,
Des mortels et du temps défiant les outrages,
Fera bénir à tous les âges
Votre heureuse immortalité.
O rois que l'univers contemple,
Elevez, élevez ce magnifique temple
Des lois et de la liberté.

Les filles d'Hélicon, les libres Piérides
Ont su lire en mon cœur la haine des tyrans :
Leur faveur m'a donné ces transports enivrans
Qu'elle refuse aux cœurs timides.
C'est elles qui, témoins de tes nobles efforts,
Lainé, pilote heureux au sein de la tempête,
M'ont dit : » Va poser sur sa tête

« Ces lauriers, enfans de nos bords.
« Aux jours même de l'esclavage
« Lainé, pour la patrie exerçant son courage,
« Avoit mérité nos accords.

« Il n'a point écouté les perfides caresses
« De tous ces favoris du sort et de Plutus,
« Qui voudroient étouffer les talens, les vertus,
« Sous leurs noms et sous leurs richesses.
« Il a su, d'un vain peuple, avide d'acheteurs,
« Dédaignant la puissance ou servile ou rebelle,
« Ravir son suffrage infidelle
« A ses superbes corrupteurs.
« Vous de misère et d'opulence
« Par le ciel exemptés, des destins de la France
« Il vous a faits modérateurs.

« Trop heureux qui du ciel put avoir en partage
« De modestes présens, de modestes désirs !
« Il ne boit point dans l'or le dégoût des plaisirs
« Et le sommeil de l'esclavage.
« Sa demeure, son champ, pour lui si précieux,
« Echapperont toujours aux regards de l'envie.
« Il peut aux grands cacher sa vie,
« Et ne supplier que les cieux.

« Libre, et content de sa fortune,
« Il regarde du port lutter contre Neptune
« Le vaisseau de l'ambitieux.

« Médiocrité d'or, mère innocente et pure
« De toutes les vertus qui parent les humains,
« L'urne du vœu public déposée en tes mains
« Restera chaste et sans souillure.
« Tes élus, opposant à chaque faction
« De la Charte et des lois l'égide tutélaire,
« Abattront l'hydre populaire
« Et le despotique lion.
« O Lainé, paisible en sa route,
« Ton char n'embrasera ni la céleste voute,
« Ni la terrestre région. (*)

« Gloire aux législateurs qui d'une main fidelle
« Ont su peser les droits de chaque citoyen !
« Français, vous tenez d'eux un plus précieux bien
« Que tout l'or de l'Inde nouvelle.

(*) Allusion à un passage du discours prononcé par M. Lainé, dans la Chambre des Députés, pour la défense de cette loi.

« Calmez de vains regrets : ce métal suborneur,
« Ces triomphes sanglans , ces conquêtes fatales ,
« Ne font des nations rivales
« Ni la gloire ni le bonheur.
« La paix , une liberté sage ,
« Les arts et les vertus , les comblent d'âge en âge
« De prospérités et d'honneur ».

Ainsi chanta la Muse , et sa voix noble et pure
Emut les cœurs français d'un doux frémissement ;
La Seine pour l'ouïr se repose un moment
Et l'approuve de son murmure.
O toi , des malheureux l'asyle et le recours ,
Eternel Souverain des peuples éphémères ,
Dieu qui contemples nos misères ,
De Louis protège les jours.
Grand Dieu , puissent ses destinées
Du vieillard de Pylos surpasser les années
Et du temps remonter le cours.

FIN.

www.ingramcontent.com/pod-product-compliance
Lightning Source LLC
LaVergne TN
LVHW050510160826
845677LV00003B/1051

* 9 7 8 2 3 2 9 6 3 3 0 3 9 *